清·吴敬梓著

儒林外史

二册

黄山書社

儒林外史第四回

薦亡齋和尚喫官司　打秋風鄉紳遭横事

話說老太太見這些傢伙什物都是自己的不覺歡喜痰迷心竅昏絕于地家人媳婦和丫鬟娘子都慌了快請老爺進來范舉人三步作一步走來看時連叫母親不應忙將老太太擡放床上請了醫生來醫生說老太太這病是中了臟不可治了連請了幾个醫生都是如此說范舉人越發慌了夫妻兩个守着哭泣一面製備

後事挨到黄昏時分老太太淹淹一息歸天去了合家忙了一夜次日請將陰陽徐先生來寫了七單老太太是犯三七到期該請僧人追薦大門上挂了白布球新貼的廳聯都用白紙糊了合城紳衿都來弔唁請了同案的魏好古穿着衣巾在前廳陪客胡老爹上不得臺盤只好在廚房裏或女兒房裏幫着量白布秤肉亂竄到得二七過了范舉人念舊拏了幾兩銀子交與胡屠戶託他仍舊到集上庵裏請平日相與

的和尚做攬頭請大寺八衆僧人來念經拜梁皇懺放焰口追薦老太太生天屠戶拿着銀子一直走到集上庵裏滕和尚家恰好大寺裏僧官慧敏也在那裏坐着僧官因有田在左近所以常在這庵裏起坐滕和尚請屠戶坐下言及前日新中的范老爺得病在小庵裏那日貧僧不在家不曾候得多虧門口賣藥的陳先生燒了些茶水替我做个主人胡屠戶道正是我也多謝他的膏藥今日不在這裏滕和尚道今日

不曾來又問道范老爺那病隨即就好了却不想又有老太太這一變胡老爹這幾十天想總是在那裏忙不見來集上做生意胡屠戶道可不是麽自從親家母不幸去世合城鄉紳那一个不到他家來就是我主顧張老爺周老爺在那裏司賓大長日子坐着無聊只拉着我說閒話陪着喫酒喫飯見了客來又要打躬作揖累个不了我是个閑散慣了的人不耐煩作這些事欲待躱着些難道是怕小壻怪惹紳衿老爺

們看喬了說道要至親做甚麽呢說罷又如此這般把請僧人做齋的話說了和尚聽了屁滾尿流慌忙燒茶下麵就在胡老爹面前轉託僧官去約僧衆並備香燭帋馬寫法等事胡屠戶喫過麵去僧官接了銀子纔待進城走不到一里多路只聽得後邊一个人叫道慧老爺爲甚麽這些時不到庄上來走走僧官忙回過頭來看時是佃戶何美之何美之道你老人家這些時這等財忙因甚事總不來走走僧官道不是

我也要來只因城裏張大房裏想我屋後那一塊田又不肯出價錢我幾次回斷了他若到莊上來他家那佃戶又走過來嘴嘴舌舌纏个不清我在寺裏他有人來尋我只回他出門去了何美之道這也不妨想不想由他肯不肯由你今日無事且到庄上去坐坐况且老爺前日煑過的那半隻火腿吊在竈上巳經走油了做的酒也熟了不如消繳了他罷今日就在莊上歇了去怕怎的和尚被他說的口裏流涎那腳由

不得自已跟着他走到莊上何美之叫渾家煮
了一隻母雞把火腿切了酒舀出來盪着和尚
走熱了坐在天井內把衣服脫了一件敞着懷
腆着个肚子走出黑津津一頭一臉的肥油須
臾整理停當何美之捧出盤子渾家拎着酒放
在桌子上擺下和尚上坐渾家下陪何美之打
橫把酒來斟喫着說起三五日內要往范府替
老太太做齋何美之渾家說道范家老奶奶我
們自小看見他的是个和氣不過的老人家只

有他媳婦兒是莊南頭胡屠戶的女兒一雙紅
鑲邊的眼睛一窩子黃頭髮那日在這裏住鞋
也沒有一雙夏天靸着个蒲窩子歪腿爛腳的
而今弄兩件尸皮子穿起來聽見說做了夫人
好不體面你說那裏看人去正喫得興頭聽得
外面敲門甚兇何美之道是誰和尚道美之你
去看一看何美之纔開了門七八个人一齊擁
了進來看見女人和尚一桌子坐着齊說道好
快活和尚婦人大青天白日調情好僧官老爺

知法犯法何美之喝道休胡說這是我田主人衆人一頓駡道田主人連你婆子都有主兒了不由分說拿調草繩把和尚精赤條條同婦人一繩綑了將个扛子穿心擡着連何美之也帶了來到南海縣前一个關帝廟前戲臺底下和尚同婦人拴做一處候知縣出堂報狀衆人押着何美之出去和尚悄悄叫他報與范府范舉人因母親做佛事和尚被人拴了忍耐不得隨卽拿帖子向知縣說了知縣差班頭將和尚解放女人着交美之領了家去一班光棍帶着明日早堂發落衆人慌了求張鄉紳帖子在知縣處說情知縣准了早堂帶進駡了幾句扯一个淡趕了出去和尚同衆人倒在衙門口用了幾十兩銀子僧官先去范府謝了次日方帶領僧衆來鋪結壇場挂佛像兩邊十殿閻君喫了開經麵打動鐃鈸叮噹念了一卷經擺上早齋來八衆僧人連司賓的魏相公共九位坐了兩席纔喫着長班報有客到魏相公丟了碗出去迎

接進來便是張周兩位鄉紳烏紗帽淺色員領粉底皂靴魏相公陪著一直拱到靈前去了內中一个和尚向僧官道方纔進去的就是張大房裏靜齋老爺他和你是田隣你也該過去問訊一聲纔是僧官道也罷了張家是甚麽有意思的人想起我前日這一番是非那裏是甚麽光棍就是他的佃戶商議定了做鬼做神來弄送我不過要簸掉我幾兩銀子好把屋後的那一塊田賣與他使心用心反害了自身落後縣

裏老爺要打他莊戶一般也慌了腆着臉拏帖子去說惹的縣主不喜歡又道他沒脊骨的事多哩就像周三房裏做過巢縣家的大姑娘是他的外甥女兒三房裏曾託我說媒我替他講西鄉里封大戶家好不有錢張家硬主張着許與方家纔這窮不了的小魏相公因他進个學又說他會作个甚麽詩詞前日替這裏作了一个薦亡的疏我拏了給人看說是倒別了三个字像這都是作孽眼見得二姑娘也要許人家

了又不知撮弄與个甚麼人說着聽見靴底響衆和尚擠擠眼僧官就不言語了兩位鄉紳出來同和尚拱一拱手魏相公送了出去衆和尚喫完了齋洗了臉和手吹打拜懺行香放燈施食散花跑五方整整鬧了三晝夜方纔散了光陰彈指七七之期已過范舉人出門謝了孝一日張靜齋來候問還有話說范舉人叫請在靈前一个小書房裏坐下穿着衰絰出來相見先謝了喪事裏諸凡相助的話張靜齋道老伯母

的大事我們做子姪的理應効勞想老伯母這樣大壽歸天也罷了只是誤了世先生此番會試看來想是祖塋安葬了可曾定有日期范舉人道今年山向不利只好來秋舉行但費用尚在不敷張靜齋屈指一算銘旌是用周學臺的銜墓誌託魏朋友將就做一篇却是用誰的名其餘殯儀桌席執事吹打以及雜用飯食破土謝風水之類須三百多銀子正算着捧出飯來喫了張靜齋又道三載居廬自是正理但世先

生爲安葬大事也要到外邊設法使用似乎不必拘拘現今高發之後並不曾到貴老師處一候高要地方肥美或可秋風一二弟意也要去候敝世叔何不相約同行一路上舟車之費弟自當措辦不須世先生費心范舉人道極承老先生厚愛只不知大禮上可行得張静齋道禮有經亦有權想没有甚麼行不得處范舉人又謝了張静齋約定日期雇齊夫馬帶了從人取路往高要縣進發於路上商量說此來一者見

老師二來老太夫人墓誌就要借湯公的官銜名字不一日進了高要城那日知縣下鄉相驗去了二位不好進衙門只得在一个關帝廟裏坐下那廟正修大殿有縣裏工房在內監工工房聽見縣主的相與到了慌忙迎到裏面客位內坐着擺上九个茶盤來工房坐在下席執壺斟茶喫了一回外面走進一个人來方巾濶服粉底皂靴蜜蜂眼高鼻梁落腮鬍子那人一進了門就叫把茶盤子撤了然後與二位叙禮坐

下動問那一位是張老先生那一位是范老先生二人各自道了姓名那人道賤姓嚴舍下就在咫尺去歲宗師案臨倖叨歲薦與我這湯父母是極好的相與二位老先生想都是年家故舊二位各道了年誼師生嚴貢生不勝欽敬工房告過失陪那邊去了嚴家家人掇了一个食盒來又提了一瓶酒桌上放下揭開盒蓋九个盤子都是雞鴨糟魚火腿之類嚴貢生請二位老先生上席斟酒奉過來說道本該請二位老

先生降臨寒舍一來蝸居恐怕褻尊二來就要進衙門去恐怕關防有礙故此備个粗碟就在此處談談休嫌輕慢二位接了酒道尚未奉謁倒先取擾嚴貢生道不敢不敢立着要候乾一杯二位恐怕臉紅不敢多用喫了半杯放下嚴貢生道湯父母為人廉静慈祥真乃一縣之福張静齋道是敝世叔也還有些善政麼嚴貢生道老先生人生萬事都是个緣法真个勉強不來的湯父母到任的那日敝處闔縣紳衿公搭

了一个綵棚在十里牌迎接弟站在綵棚門口須臾鑼句旗句傘句扇句吹手句夜役句一隊一隊都過去了轎子將近遠遠望見老父母兩朶高眉毛一个大鼻梁方面大耳我心裏就曉得是一位豈弟君子却又出奇幾十人在那裏同接句老父母轎子裏兩隻眼只看着小弟一个人那時有个朋友同小弟並站着他把眼望一望老父母句又把眼望一望小弟句悄悄問我先年可曾認得這位父母小弟從實說不曾

認得他就癡心只道父母看的是他忙搶上幾步意思要老父母問他甚麽不想老父母下了轎同衆人打躬倒把眼望了別處纔曉得從前不是看他把他羞的要不的次日小弟到衙門去謁見老父母方纔下學回來諸事忙作一團却連忙丟了叫請小弟進去換了兩遍茶就像相與過幾十年的一般張鄉紳道總因你先生爲人有品望所以敝世叔相敬近來自然時時請教嚴貢生道後來倒也不常進去實不相瞞

小弟只是一個爲人率真在鄉里之間從不曉得占人寸絲半粟的便宜所以歷來的父母官都嘗相愛湯父母容易不大喜會客却也凡事心照就如前月縣考把二小兒取在第十名叫了進去細細問他從的先生是那個又問他可曾定過親事着實關切范舉人道我這老師看文章是法眼既然賞鑒令郎一定是英才可賀嚴貢生道豈敢豈敢又道我這高要是廣東出名縣分一歲之中錢粮耗羨花布牛驢漁船田

房稅不下萬金又自拏手在桌上畫着低聲說道像湯父母這個做法不過八千金前任潘父母做的時節實有萬金他還有些枝葉還用着我們幾個要緊的人說着恐怕有人聽見把頭別轉來望着門外一個蓬頭赤足的小使走了進來望著他道老爺家裏請你回去嚴貢生道回去做甚麼小廝道早上關的那口猪那人來討了在家裏吵哩嚴貢生道他要猪拿錢來小厮道他說猪是他的嚴貢生道我知道了你先

去罷我就來那小厮又不肯去張范二位道既然府上有事老先生竟請回罷嚴貢生道二位老先生有所不知這口猪原是舍下的纔說得一句聽見鑼響一齊立起身來說道回衙了二位整一整衣帽叫管家拏着帖子向貢生謝了擾一直來到宅門口投進帖子去知縣湯奉接了帖子一個寫世姪張師陸一個寫門生范進自心裏沉吟道張世兄屢次來打秋風甚是可厭但這回同我新中的門生來見不好回他吩

咐快請兩人進來先是靜齋見過范進上來敘師生之禮湯知縣再三謙讓奉坐吃茶同靜齋敘了些濶别的話又把范進的文章稱贊了一番問道因何不去會試范進方纔說道先母見背遵制丁憂湯知縣大驚忙叫換去了吉服拱進後堂擺上酒來席上燕窩雞鴨此外就是廣東出的柔魚苦瓜也做兩碗知縣安了席坐下用的都是銀鑲杯箸范進退前縮後的不舉杯箸知縣不解其故靜齋笑道世先生因尊制想

是不用這個杯箸知縣忙叫換去換了一個磁
杯一雙象箸來范進又不肯舉靜齋道這個箸
也不用隨即換了一雙白顏色竹子的來方纔
罷了知縣疑惑他居喪如此盡禮倘或不用葷
酒却是不曾備辦落後看見他在燕窩碗裏揀
了一個大蝦元子送在嘴裏方纔放心因說道
却是得罪的緊我這做教酒席沒有甚麼喫得
只這幾樣小菜權且用個便飯敝教只是個牛
羊肉又恐貴教老爺們不用所以不敢上席現

今奉旨禁宰耕牛上司行來牌票甚緊衙門裏
都也莫得喫掌上燭來將牌拏出來看著一個
貼身的小廝在知縣耳跟前悄悄說了幾句話
知縣起身向二位道外邊有個書辦回話弟去
一去就來去了一時只聽得吩咐道且放在那
裏回來又入席坐下說了失陪向張靜齋道張
世兄你是做過官的這件事正該商之于你就
是斷牛肉的話方纔有幾個教親共備了五十
斤牛肉請出一位老師夫來求我說是要斷盡

了他們就沒有飯喫求我畧鬆寬些叫做瞞上不瞞下送五十斤牛肉在這裏與我却是受得受不得張靜齋道老世叔這話斷斷使不得的了你我做官的人只知有皇上那知有教親想起洪武年間劉老先生湯知縣道那個劉老先生靜齋道諱基的了他是洪武三年開科的進士天下有道三句中的第五名范進插口道想是第三名靜齋道是第五名那墨卷是弟讀過的後來入了翰林洪武私行到他家就如雪夜

訪普的一般恰好江南張王送了他一罈小菜當面打開看都是些瓜子金洪武聖上惱了說道他以爲天下事都靠着你們書生到第二日把劉老先生貶爲青田縣知縣又用毒藥擺死了這個如何了得知縣見他說的口若懸河又是本朝確切典故不由得不信問道這事如何處置張靜齋道依小姪愚見世叔就在這事上出個大名今晚叫他伺候明日早堂將這老師夫拿進來打他幾十個板子取一面大枷枷了

把牛肉堆在枷上出一張告示在傍申明他大
胆之處上司訪知見世叔一絲不苟陞遷就在
指日知縣點頭道十分有理當下席終留二位
在書房住了次日早堂頭一起帶進來是一個
偷雞的積賊知縣怒道你這奴才在我手裏犯
過幾次總不改業打也不怕今日如何是好因
取過硃筆來在他臉上寫了偷雞賊三個字取
一面枷枷了把他偷的雞頭向後尾向前綑在
他頭上枷了出去纔出得縣門那雞屁股裏刷

喇的一聲痾出一抛稀屎來從額顱上淌到鼻
子上鬍子沾成一片滴到枷上兩邊看的人多
笑第二起叫將老師夫上來大駡一頓大胆狗
奴重責三十板取一面大枷把那五十斤牛肉
都堆在枷上臉和頸子箍的緊緊的只剩得兩
個眼睛在縣前示衆天氣又熱枷到第二日牛
肉生蛆第三日嗚呼死了衆回子心裏不伏一
時聚衆數百人鳴鑼罷市鬧到縣前來說道我
們就是不該送牛肉來也不該有死罪這都是

南海縣的光棍張師陸的主意我們鬧進衙門去揪他出來一頓打死派出一個人來償命不因這一鬧有分教貢生興訟潛踪來省城鄉紳結親謁貴竟遊京國未知衆回子吵鬧如何且聽下回分解

此篇是文字過峽故序事之筆最多就其序事而觀之其中起伏照應前後映帶便有無數作文之法在率爾操觚輕心掉之者夢不到此也

和尚到莊上吃酒乃是行所無事佃戶一齊打進實出意料之外當其美之斟酒渾家打横時幾近猥褻矣及觀何美之渾家口中數語只不過氣不分范大太何其用筆之雅直將功名富貴四字寫入愚婦人骨中吾不知作者之錦心繡口居何等也

齋堂中魏相公陪客衆和尚搗鬼輕輕又帶出周三姑娘做親針線之妙難以極言

關帝廟中小飲一席話畫工所不能畫化工

庶幾能之開端數語尤其奇絕閱者試掩卷細想脫令自已操觚可能寫出開端數語否古人讀杜詩江漢思歸客再三思之不得下語及觀乾坤一腐儒始叫絕也

纔說不占人寸絲半粟便宜家中已經關了人一口豬令閱者不繁言而已解使拙筆為之必且曰看官聽說原來嚴貢生為人是何等樣文字便索然無味矣

止席不用銀鑲杯箸一段是作者極力寫出

謊天下莫可惡于忠孝廉節之大端不講而苛索于末節小數舉世為之而莫有非之且效尤者比比然也故作者不以莊語責之而以詼語誅之

張靜齋勸堆牛肉一段偏偏說出劉老先生一則故事席間賓主三人侃侃而談毫無愧怍閱者不問而知此三人為極不通之品此是作者繪風繪水手段所謂直書其事不加斷語其是非自見也

儒林外史第五回

王秀才議立偏房　嚴監生疾終正寢

話說衆回子因湯知縣枷死了老師夫鬧將起來將縣衙門圍的水泄不通口口聲聲只要揪出張靜齋來打死知縣大驚細細在衙門裏追問纔曉得是門子透風知縣道我至不濟到底是一縣之主他敢怎的我設或鬧了進來看見張世兄就有些開交不得了如今須是設法先把張世兄弄出去離了這个地方上纔好忙喚

了幾个心腹的衙役進來商議幸得衙門後身緊靠着北城幾个衙役先溜到城外用繩子把張范二位繫了出去換了藍布衣服草帽草鞋尋一條小路忙忙如喪家之狗急急如漏網之魚連夜找路回省城去了這裡學師典史俱出來安民說了許多好話衆回子漸漸的散了湯知縣把這情由細細寫了个稟帖稟知按察司按察司行文書檄了知縣去湯奉見了按察司摘去紗帽只管磕頭按察司道論起來這件事

你湯老爺也忒孟浪了些不過枷責就罷了何必將牛肉堆在枷上這个成何刑法但此刁風也不可長我這裏少不得拿幾个爲頭的來盡法處置你且回衙門去辦事凡事須要斟酌些不可任性湯知縣又磕頭說道這事是卑職不是蒙大老爺保全眞乃天地父母之恩此後知過必改但大老爺審斷明白了這幾个爲頭的人還求大老爺發下卑縣發落賞卑職一个臉面按察司也應承了知縣叩謝出來回到高要過了些時果然把五个爲頭的回子問成奸民挾制官府依律枷責發來本縣發落知縣看了來文掛出牌去次日早晨大搖大擺出堂將回子發落了正要退堂見兩个人進來喊寃知縣叫帶上來問一个叫做王小二是貢生嚴大位的緊鄰去年三月內嚴貢生家一口纔過下來的小猪走倒他家去他慌送回嚴家嚴家說猪到人家再尋回來最不利市押着出了八錢銀子把小猪就賣與他這一口猪在王家已養到

一百多斤不想錯走到嚴家去嚴家把猪關了小二的哥子王大走到嚴家討猪嚴貢生說猪本來是他的你要討猪照時值估價拏幾兩銀子來領了猪去王大是个窮人那有銀子就同嚴家爭吵了幾句被嚴貢生幾个兒子拏拴門的閂趕麵的杖打了一个臭死腿都打折了睡在家裡所以小二來喊寃知縣喝過一邊帶那一个上來問道你叫做甚麼名字那人是个五六十歲的老者禀道小人叫做黄夢統在鄉下住因去年九月上縣來交錢粮一時短少央中向嚴鄉紳借二十兩銀子每月三分錢寫立借約送在嚴府小的却不曾拏他的銀子走上街來遇着个鄉裏的親眷說他有幾兩銀子借與小的交个幾分數再下鄉去設法勸小的不要借嚴家的銀子小的交完錢粮就同親戚回家去了至今已是大半年想起這事來問嚴府取回借約嚴鄉紳問小的要這幾个月的利錢小的說並不曾借本何得有利嚴鄉紳說小的當

時挐回借約好讓他把銀子借與別人生利因不曾取約他將二十兩銀子也不能動誤了大半年的利錢該是小的出小的自知不是向中人說情願買个蹄酒上門取約嚴鄉紳執意不肯把小的的驢和米同稍袋都叫人短了家去還不發出紙來這樣含寃負屈的事求太老爺做主知縣聽了說道一个做貢生的人忝列衣冠不在鄉里間做些好事只管如此騙人其實可惡便將兩張狀子都批准原告在外伺候早有人把這話報知嚴貢生嚴貢生慌了自心裏想這兩件事都是實的倘若審斷起來體面上須不好看三十六計走爲上計捲捲行李一溜烟走急到省城去了知縣准了狀子發房出了差來到嚴家嚴貢生已是不在家了只得去會嚴二老官二老官叫做嚴大育字致和他哥字致中兩人是同胞弟兄却在兩个宅裏住這嚴致和是个監生家有十多萬銀子嚴致和見差人來說了此事他是个膽小有錢的人見哥子

又不在家不敢輕慢隨即留差人喫了酒飯拏兩千錢打發去了忙着小廝去請兩位舅爺來商議他兩个阿舅姓王一个叫王德是府學廩膳生員一个叫王仁是縣學廩膳生員都做着極興頭的館錚錚有名聽見妹丈請一齊走來嚴致和把這件事從頭告訴一遍現今出了差票在此怎樣料理王仁笑道你令兄平日常說同湯公相與的怎的這一點事就嚇走了嚴致和道這話也說不盡了只是家兄而今兩腳站開差人却在我這裏吵鬧要人我怎能丟了家裏的事出外去尋他他也不肯回來王仁道各家門戶這事究竟也不與你相干王德道你有所不知衙門裏的差人因妹丈有碗飯吃他們做事只揀有頭髮的抓若說不管他就更要的人緊了如今有个道理是釜底抽薪之法只消央个人去把告狀的安撫住了衆人遞个攔詞便歇了諒這也沒有多大的事王仁道不必又去央人就是我們愚兄弟兩个去尋了王小二

黃夢統到家替他分說開把猪也還與王家再折些須銀子給他養那打壞了的腿黃家那借約查了還他一天的事都沒有了嚴致和道老舅怕不說的是只是我家嫂也是个糊塗人幾个舍姪就像生狼一般一總也不聽教訓他怎肯把這猪和借約拏出來王德道妹丈這話也說不得了假如你令嫂令姪拗着你認晦氣再拏出幾兩銀子折个猪價給了王姓的黃家的借約我們中間人立个紙筆與他說尋出作廢紙無用這事纔得落臺纔得个耳跟清靜當下商議已定一切辦的停妥嚴二老官連在衙門使費共用去了十幾兩銀子官司已了過了幾日整治一席酒請二位舅爺來致謝兩个秀才拏班做勢在館裏又不肯來嚴致和吩咐小厮去說奶奶這些時心裏有些不好今日一者請喫酒二者奶奶要同舅爺們談談二位聽見這話方纔來嚴致和即迎進廳上吃過茶叫小厮進去說了丫鬟出來請二位舅爺進到房內擡

頭看見他妹子王氏面黃肌瘦怯生生的路也走不全還在那裏自己裝瓜子剝栗子辦圍碟見他哥哥進來丟了過來拜見奶媽抱着妾出的小兒子年方三歲帶着銀項圈穿着紅衣服來叫舅舅二位吃了茶一个丫鬟來說趙新娘進來拜舅爺二位連忙道不勞罷坐下說了些家常話又問妹子的病總是虛弱該多用補藥說罷前廳擺下酒席讓了出去上席敘些閒話又題起嚴致中的話來王仁笑著問王德道大

哥我到不解他家大老那宗筆下怎得會補起廩來的王德道這是三十年前的話那時宗師都是御史出來本是个吏員出身知道甚麼文章王仁道老大而今越發離奇了我們至親一年中也要請他幾次却從不曾見他家一杯酒想起還是前年出貢豎旗杆在他家擾過一席王德愁著眉道那時我不曾去他為出了一个貢拉人出賀禮把總甲地方都派分子縣裏狗腿差是不消說弄了有一二百吊錢還欠下廚

子錢屠戶肉案子上的錢至今也不肯還過兩个月在家吵一回成甚麽模樣嚴致和道便是我也不好說不瞞二位老舅像我家還有幾畝薄田日逐夫妻四口在家裏度日猪肉也捨不得買一觔每常小兒子要喫時在熟切店內買四个錢的哄他就是了家兄寸土也無人口又多過不得三天一買就是五觔還要白煮的稀爛上頓吃完了下頓又在門口賖魚當初分家也是一樣田地白白都喫窮了而今端了家裏

花梨椅子悄悄開了後門換肉心包子喫你說這事如何是好二位哈哈大笑笑罷說只管講這些混話誤了我們喫酒快取骰盆來當下取骰子送與大舅爺我們行狀元令兩位舅爺一个人行一个狀元令每人中一回狀元喫一大杯兩位就中了幾回狀元喫了幾十杯却又古怪那骰子竟像知人事的嚴監生一回狀元也不曾中二位拍手大笑喫到四更盡鼓跌跌撞撞扶了回去自此以後王氏的病漸漸重將起

來每日四五个醫生用藥都是人參附子並不見效看看臥床不起生兒子的妾在傍侍奉湯藥極其殷勤看他病勢不好夜晚時抱了孩子在牀脚頭坐着哭泣哭了幾回那一夜道我而今只求菩薩把我帶了去保佑大娘好了罷王氏道你又癡了各人的壽數那个是替得的趙氏道不是這樣說我死了值得甚麼大娘若有些長短他爺少不得又娶个大娘他爺四十多歲只得這點骨血再娶个大娘來各養的各疼

自古說晚娘的拳頭雲裏的日頭這孩子料想不能長大我也是个死數不如早些替了大娘去還保得這孩子一命王氏聽了也不答應趙氏含着眼淚日逐煨藥煨粥寸步不離一晚趙氏出去了一會不見進來王氏問丫鬟道趙家的那去了丫鬟道新娘每夜擺个香桌在天井裏哭求天地他仍要替奶奶保佑奶奶就好今夜看見奶奶病重所以早些出去拜求王氏聽了似信不信次日晚間趙氏又哭着講這些話

王氏道何不向你爺說明白我若死了就把你扶正做个塡房趙氏忙叫請爺進來把奶奶的話說了嚴致和聽不得這一聲連三說道既然如此明日淸早就要請二位舅爺說定此事纔有憑據王氏搖手道這个也隨你們怎樣做去嚴致和就叫人極早去請了舅爺來看了藥方商議再請名醫說罷讓進房內坐着嚴致和把王氏如此這般意思說了又道老舅可親自問聲令妹兩人走到牀前王氏已是不能言語了

把手指着孩子點了一點頭兩位舅爺看了把臉本喪着不則一聲須臾讓到書房裏用飯彼此不提這話喫罷又請到一間密屋裏嚴致和說起王氏病重吊下淚來道你令妹自到舍下二十年眞是弟的內助如今丢了我怎生是好前日還向我說岳父岳母的墳也要修理他自已積的一點東西留與二位老舅做個遺念因把小廝都叫出去開了一張厨拿出兩封銀子來每位一百兩遞與二位老舅休嫌輕意二位

雙手來接嚴致和又道卻是不可多心將來要備祭桌破費錢財都是我這裏備齊請老舅來行禮明日還要轎子接兩位舅奶奶來令妹還有些首飾留爲遺念交畢仍舊出來坐着外邊有人來候嚴致和去陪客去了回來見二位舅爺哭得眼紅紅的王仁道方纔同家兄在這裏說舍妹眞是女中丈夫可謂王門有幸方纔這一番話恐怕老妹丈胸中也沒有這樣道理還要恍恍忽忽疑惑不淸枉爲男子王德道你不

知道你這一位如夫人關係你家三代舍妹沒了你若另娶一人磨害死了我的外甥老伯老伯母在天不安就是先父母也不安了王仁拍着桌子道我們念書的人全在綱常上做工夫就是做文章代孔子說話也不過是這个理你若不依我們就不上門了嚴致和道恐怕寒族多話兩位道有我兩人做主但這事須要大做妹丈你再出幾兩銀子明日只做我兩人出的備十幾席將三黨親都請到了趁舍妹眼見你

兩口子同拜天地祖宗立爲正室誰人再敢放
屁嚴致和又拏出五十兩銀子來交與二位義
形于色去了過了三日王德王仁果然到嚴家
來寫了幾十幅帖子遍請諸親六眷擇个吉期
親眷都到齊了只有隔壁大老爹家五个親姪
子一个也不到衆人吃過早飯先到王氏床面
前寫立王氏遺囑兩位舅爺王於據王於依都
畫了字嚴監生戴着方巾穿着青衫披了紅紬
趙氏穿着大紅戴了赤金冠子兩人雙拜了天

地又拜了祖宗王於依廣有才學又替他做了
一篇告祖先的文甚是懇切告過祖宗轉了下
來兩位舅爺叫丫鬟在房裏請出兩位舅奶奶
來夫妻四个齊鋪鋪請妹夫妹妹轉在大邊磕
下頭去以叙姊妹之禮衆親眷都分了大小便
是管事的管家家人媳婦丫鬟使女黑壓壓的
幾十个人都來磕了主人主母的頭趙氏又獨
自走進房內拜王氏做姐姐那時王氏已發昏
去了行禮已畢大廳二廳書房內堂屋官客並

堂客共擺了二十多桌酒席喫到三更時分嚴監生正在大廳陪着客奶媽慌忙走了出來說道奶奶斷了氣了嚴監生哭着走了進去只見趙氏扶着床沿一頭撞去已經哭死了衆人且扶着趙氏灌開水撬開牙齒灌了下去灌醒了時披頭撒髮滿地打滚哭的天昏地暗連嚴監生也無可奈何管家都在廳上堂客都在堂屋候斂只有兩个舅奶奶在房裏乘着人亂將些衣服金珠首飾一擄精空連趙氏方纔戴的赤

金冠子滚在地下也拾起來藏在懷裏嚴監生慌忙叫奶媽抱起哥子來拏一搭蔴替他披着那時衣衾棺槨都是現成的入過了殮天才亮了靈柩停在第二層中堂內衆人進來參了靈各自散了次日送孝布每家兩个第三日成服趙氏定要披蔴戴孝兩位舅爺斷然不肯道名不正則言不順你此刻是姊妹了妹子替姐姐只帶一年孝穿細布孝衫用白布孝箍議禮已定報出喪去自此修齋理七開喪出殯用了四

五千兩銀子鬧了半年不必細說趙氏感激兩位舅爺入於骨髓田上收了新米每家兩石醃冬菜每家也是兩石火腿每家四隻雞鴨小菜不算不覺到了除夕嚴監生拜過了天地祖宗收拾一席家宴嚴監生同趙氏對坐奶媽帶着哥子坐在底下喫了幾杯酒嚴監生吊下淚來指着一張櫥裏向趙氏說道昨日典鋪內送來三百兩利錢是你王氏姐姐的私房每年臘月二十七八日送來我就交與他我也不管他在

那裏用今年又送這銀子來可憐就沒人接了趙氏道你也莫要說大娘的銀子沒用處我是看見的想起一年到頭逢時遇節庵裏師姑送盒子買花婆換珠翠彈三弦琵琶的女瞎子不離門那一个不受他的恩惠況他又心慈見那些窮親戚自己喫不成也要把人喫穿不成的也要把人穿這些銀子彀做甚麽再有些也完了到是兩位舅爺從來不沾他分毫依我的意思這銀子也不費用掉了到開年替奶奶大大

的做幾回好事剩來的銀子料想也不多明年是科舉年就是送與兩位舅爺做盤程也是該的嚴監生聽著他說桌子底下一个猫就扒在他腿上嚴監生一靴頭子踢開了那猫唬的跑到裏房內去跑上牀頭只聽得一聲大響牀頭上掉下一个東西來把地板上的酒罎子都打碎了拏燭去看原來那瘟猫把床頂上的板跳蹋一塊上面吊下一个大篾簍子來近前看時只見一地黑棗子拌在酒裏篾簍橫睡著兩个

人才扳過來棗子底下一封一封桑皮紙包著打開看時共五百兩銀子嚴監生嘆道我說他的銀子那里就肯用完了像這都是歷年聚積的恐怕我有急事好拏出來用的而今他往那里去了一回哭著叫人掃了地把那个乾棗子裝了一盤同趙氏放在靈前桌上伏著靈牀子又哭了一塲因此新年不出去拜節在家哽哽咽咽不時哭泣精神顛倒恍惚不寧過了燈節後就叫心口疼痛初時撑着每晚算賬直算到

三更鼓後來就漸漸飲食不進骨瘦如柴又捨不得銀子吃人參趙氏勸他道你心裏不自在這家務事就丟開了罷他說道我兒子又小你叫我託那个我在一日少不得料理一日不想春氣漸深肝木尅了脾土每日只吃兩碗米湯臥床不起及到天氣和暖又強勉進些飲食掙起來家前屋後走走捱過長夏立秋以後病又重了睡在床上想着田上要收早稻打發了管莊的僕人下鄉去又不放心心裏只是急躁那

一日早上吃過藥聽着蕭蕭落葉打的窻子響自覺得心裏虛怯長嘆了一口氣把臉朝牀裏面睡下趙氏從房外同兩位舅爺進來問病就辭別了到省城裏鄉試去嚴監生叫丫鬟扶起來強勉坐着王德王仁道好幾日不曾看妹丈原來又瘦了些喜得精神還好嚴監生請他坐下說了些恭喜的話留在房裏吃點心就講到除夕晚裏這一番話叫趙氏拏出幾封銀子來指着趙氏說道這到是他的意思說姐姐留下

來的一點東西送與二位老舅添着做恭喜的盤費我這病勢沈重將來二位回府不知可會的着了我死之後二位老舅照顧你外甥長大教他讀讀書掙着進个學免得像我一生終日受大房裏的氣二位接了銀子每位懷裏帶着兩封謝了又謝又說了許多的安慰的話作別去了自此嚴監生的病一日重似一日再不回頭諸親六眷都來問候五个姪子穿梭的過來陪郎中弄藥到中秋已後醫家都不下藥了把

管莊的家人都從鄉裏叫了上來病重得一連三天不能說話晚間擠了一屋的人桌上點着一盞燈嚴監生喉嚨裏痰響得一進一出一聲不倒一聲的總不得斷氣還把手從被單裏拏出來伸着兩个指頭大姪子走上前來問道二叔你莫不是還有兩个親人不曾見面他就把頭搖了兩三搖二姪子走上前來問道二叔莫不是還有兩筆銀子在那裏不曾吩咐明白他把兩眼睜的的溜圓把頭又狠狠搖了幾搖越

發指得緊了奶媽抱着哥子插口道老爺想是因兩位舅爺不在跟前故此記念他聽了這話把眼閉着搖頭那手只是指著不動趙氏慌忙揩揩眼淚走近上前道爺別人都說的不相干只有我曉得你的意思只因這一句話有分教

爭田奪産又從骨肉起戈矛繼嗣延宗齊向官司進詞訟不知趙氏說出甚麼話來且聽下回分解

此篇是從功名富貴四个字中偶然拈出一个富字以描寫鄙夫小人之情狀看財奴之吝嗇葷飯秀才之巧黠一一畫出毛髮皆動即令龍門執筆爲之恐亦不能遠過乎此

嚴大老官之爲人都從二老官口中寫出其舉家好喫絶少家教漫無成算色色寫到恰與二老官之爲人相反然而大老官騙了一世的人說了一生的謊頗可消遣未見其有一日之艱難困苦二老官空擁十數萬家貲時時憂貧日日怕事並不見其受用一天此

造化之微權不知作者從何窺破乃能漏洩
天機也
趙氏謀扶正之一席想與二老官圖之久矣
在牀脚頭哭泣數語雖鉄石人不能不爲之
打動而王氏之心頭口頭若老大不以爲然
者然文筆如螘能穿九曲之珠也
王氏兄弟是一樣性情心術細觀之覺王仁
之才又過乎王德所謂識時務者呼爲俊傑
也未見遺念時本丧著臉不則一聲既見遺

念時兩眼便哭的紅紅的因時制宜毫髮不
爽想此輩必自以爲才情可以駕馭一切習
慣成自然了不爲愧作矣除夕家宴忽然被
猫跳翻幾簍掉出銀子來因而追念逝者漸
次成病此亦柴米夫妻同甘共苦之眞情覺
中庭取冷遺掛猶存未如此之可傷可感也
文章妙處眞是在語言文字之外

鄉紳發病鬧船家　寡婦含寃控大伯

話說嚴監生臨死之時伸著兩个指頭總不肯斷氣幾个姪兒和些家人都來訌亂著問有說爲兩个人的有說爲兩件事的有說爲兩處田地的紛紛不一只管搖頭不是趙氏分開衆人走上前道爺只有我能知道你的心事你是爲那燈盞裏點的是兩莖燈草不放心恐費了油我如今挑掉一莖就是了說罷忙走去挑掉一

莖衆人看嚴監生時點一點頭把手垂下登時就沒了氣合家大口號哭起來準備入斂將靈柩停在第三層中堂內次早著幾个家人小廝滿城去報喪族長嚴振先領着合族一班人來吊孝都留着吃酒飯領了孝布回去趙氏有个兄弟趙老二在米店裏做生意姪子趙老漢在銀匠店扯銀鑪這時也公備个祭禮來上門僧道掛起長旛念經追薦趙氏領着小兒子早晚在柩前舉哀夥計僕從丫鬟養娘人人挂孝門

口一片都是白看看鬧過頭七王德王仁科舉回來了齊來弔孝留着過了一日去又過了三四日嚴大老官也從省裏科舉了回來幾个兒子都在這邊喪堂裏大老爹卸了行李正和渾家坐著打點拏水來洗臉早見二房裏一个奶媽領著一个小厮手裏捧著端盒和一个毡包走進來道二奶奶頂上大老爹知道大老爹來家了熱孝在身不好過來拜見這兩套衣服和這銀子是二爺臨終時說下的送與大老爹做

个遺念就請大老爹過去嚴貢生打開看了簇新的兩套緞子衣服齊臻臻的二百兩銀子滿心歡喜隨向渾家封了八分銀子賞封遞與奶媽說道上覆二奶奶多謝我即刻就過來打發奶媽和小厮去了將衣裳和銀子收好又細問渾家知道和兒子們都得了他些別敬這是單留與大老官的問畢換了孝巾繫了一條白布的腰經走過那邊來到柩前叫聲老二乾號了幾聲下了兩拜趙氏穿着重孝出來拜謝又叫

兒子磕伯伯的頭哭着說道我們苦命他爺半
路裏丟了去了全靠大爺替我們做主嚴貢生
道二奶奶人生各禀的壽數我老二已是歸天
去了你現今有恁个好兒子慢慢的帶着他過
活焦怎的趙氏又謝了請在書房擺飯請兩位
舅爺來陪須臾舅爺到了作揖坐下王德道令
弟平日身體壯盛怎麼忽然一病就不能起我
們至親的也不曾當面別一別甚是慘然嚴貢
生道豈但二位親翁就是我們弟兄一場臨危

也不得見一面但自古道公而忘私國而忘家
我們科場是朝廷大典你我爲朝廷辦事就是
不顧私親也還覺得于心無愧王德道大先生
在省將有大半年了嚴貢生道正是因前任學
臺周老師舉了弟的優行又替弟考出了貢他
有个本家在這省裏住是做過應天巢縣的所
以到省去會會他不想一見如故就留着住了
幾个月又要同我結親再三把他第二个令愛
許與二小兒了王仁道在省就住在他家的麼

嚴貢生道住在張靜齋家他也是做過縣令是湯父母的世姪因在湯父母衙門裏同席喫酒認得相與起來周親家家就是靜齋先生執柯作伐王仁道可是那年同一位姓范的孝廉同來的嚴貢生道正是王仁遞个眼色與乃兄道大哥可記得就是惹出回子那一番事來的了王德冷笑了一聲一會擺上酒來喫着又談王德道今歲湯父母不曾入簾王仁道大哥你不知道麼因湯父母前次入簾都取中了些陳猫古老鼠的文章不入時目所以這次不曾來聘今科十幾位簾官都是少年進士專取有才氣的文章嚴貢生道這到不然才氣也須是有法則假若不照題位亂寫些熱鬧話難道也算有才氣不成就如我這周老師極是法眼取在一等前列都是有法則的老手今科少不得還在這幾个人內中嚴貢生說此話因他弟兄兩个在周宗師手裏都考的是二等兩人聽這話心裏明白不講考校的事了酒席將闌又談到前

打這一場官事湯父母著實動怒多虧令弟看的破息下來了嚴貢生道這是亡弟不濟若是我在家和湯父母說了把王小二黄夢統這兩个奴才腿也砍折了一个鄉紳人家由得百姓如此放肆王仁道凡事這是厚道些好嚴貢生把臉紅了一陣又彼此勸了幾杯酒奶媽抱著哥子出來道奶奶叫問大老爹二爺幾時開喪又不知今年山向可利祖塋裡可以葬得還是要尋地費大老爹的心同二位舅爺商議嚴貢

生道你向奶奶說我在家不多時就要同二相公到省裏去周府招親你爺的事託在二位舅爺就是祖塋葬不得要另尋地等我回來斟酌說罷叫了擾起身過去二位也散了過了幾日大老爺果然帶著第二个兒子往省裏去了趙氏在家掌管家務眞過是錢過北斗米爛成倉僮僕成羣牛馬成行享服度日不想皇天無眼不祐善人那小孩子出起天花來發了一天熱醫生來看說是个險症藥裏用了犀角黄

運人牙不能灌漿把趙氏急的到處求神許願都是無益到七日上把个白白胖胖的孩子跑掉了趙氏此番的哭泣不但比不得哭大娘並且比不得哭二爺直哭得眼淚都哭不出來整整的哭了三日三夜打發孩子出去叫家人請了兩位舅爺來商量要立大房裡第五个姪子承嗣二位舅爺躊躇道這件事我們做不得主況且大先生又不在家兒子是他的須是要他自已情願我們如何硬做主趙氏道哥哥你妹夫有這幾兩銀子的家私如今把个正經主兒去了這些家人小厮都沒个投奔這立嗣的事是緩不得的知道他伯伯幾時回來間壁第五个姪子纔十二三歲立過來還怕我不會疼熱他教導他他伯娘聽見這个話恨不得雙手送過來就是他伯伯回來也沒得說你做舅舅的人怎的做不得主王德道也罷我們過去替他說一說罷王仁道大哥這是那裏話宗嗣大事我們外姓如何做得主如今姑奶奶若是急的

很只好我弟兄兩人公寫一字他這裏叫一个家人連夜到省裏請了大先生回來商議王德道這話最好料想大先生回來也沒得說王仁搖著頭笑道大哥這話也且再看但是不得不如此做趙氏聽了這話摸頭不著只得依著言語寫了一封字遣家人來富連夜赴省接大老爹來富來到省城問著大老爹的下處在高底街到了寓處門口只見四个戴紅黑帽子的手裏拏著鞭子站在門口唬了一跳不敢進去站了一會看見跟大老爹的四斗子出來纔叫他領了他進去看見廠廳上中間擺著一乘彩轎彩轎傍邊豎著一把遮陽遮陽上帖著即補縣正堂四斗子進去請了大老爹出來頭戴紗帽身穿圓領補服脚下粉底皂靴來富上前磕了頭遞上書信大老爹接著看了道我知道了我家二相公恭喜你且在這裏伺候來富下來到廚房裏看見廚子在那裏辦席新人房在樓上張見擺的紅紅綠綠的來富不敢上去直到日

頭平西不見一个吹手來二相公戴着新方巾
披着紅簪着花前前後後走著急的問吹手怎
的不來大老爹在廳上嚷成一片聲叫四斗子
快傳吹打的四斗子道今日是个好日子八錢
銀子一班叫吹手還叫不動老爹給了他二錢
四分低銀子又還扣了他二分戥頭又叫張府
裏押著他來他不知今日應承了幾家他這个
時候怎得來大老爹發怒道放狗屁快替我去
來遲了連你一頓嘴巴四斗子骨都著嘴一路

絮聒了出去說道從早上到此刻一碗飯也不
給人喫偏生有這些臭排場說罷去了直到上
燈時候連四斗子也不見回來擡新人的轎夫
和那些戴紅黑帽子的又催的狠廳上的客說
道也不必等吹手吉時已到且去迎親罷將掌
扇掮起來四个戴紅黑帽子的開道來富跟著
轎一直來到周家那周家敞廳甚大雖然點著
幾盞燈燭天井裏却是不亮這裏又沒有个吹
打的只得四个戴紅黑帽子的一遞一聲在黑

天井裏喝道喝个不了來富看見不好意思叫他不要喝了周家裏面有人吩咐道拜上嚴老爺有吹打的就發轎沒吹打的不發轎正吵鬧著四斗子領了兩个吹手趕來一个吹簫一个打鼓在廳上滴滴打打的總不成个腔調兩邊聽的人笑个不住周家鬧了一會沒奈何只得把新人轎發來了新人進門不必細說過了十朝叫來富同四斗子去寫了兩隻高要船那船家就是高要縣的人兩隻大船銀十二兩立契

到高要付銀一隻裝的新郎新娘一隻嚴貢生自坐擇了吉日辭别親家借了一副巢縣正堂的金字牌一副肅靜迴避的白粉牌四根門鎗插在船上又叫了一班吹手開鑼掌傘吹打上船船家十分畏懼小心伏侍一路無話那日將到了高要縣不過二三十里路了嚴貢生坐在船上忽然一時頭暈上來兩眼昏花口裏作惡心噦出許多清痰來來富同四斗子一邊一个架著膊子只是要跌嚴貢生口裏叫道不好不

好叫四斗子快丟了去燒起一壺開水來四斗子把他放了睡下一聲不倒一聲的哼四斗子慌忙同船家燒了開水拏進艙來嚴貢生將鑰匙開了箱子取出一方雲片糕來約有十多片一片一片剝着喫了幾片將肚子揉着放了兩个大屁登時好了剩下幾片雲片糕閣在後鵉口板上半日也不來查點那掌舵駕長害饞癆左手扶着舵右手拈來一片片的送在嘴裏了嚴貢生只作不看見少刻船攏了馬頭嚴貢生叫來富著速叫他兩乘轎子來擺齊執事將二相公同新娘先送了家裏去又叫些馬頭上人來把箱籠都搬了上岸把自已的行李也搬上了岸船家水手都來討喜錢嚴貢生轉身走進艙來眼張失落的四面看了一遭問四斗子道我的藥往那裏去了四斗子道何曾有甚藥嚴貢生道方纔我喫的不是藥分明放在船板上的那掌舵的道想是剛纔船板上幾片雲片糕那是老爺剩下不要的小的大胆就吃了嚴貢

你道這喫了好賤的雲片糕你曉的[illegible]這裏頭是些甚麼東西掌柁的道雲片糕無過是些瓜仁核桃洋糖粉麪做成的了有甚麼東西嚴貢生發怒道放你的狗屁我因素日有个暈病費了幾百兩銀子合了這一料藥是省裏張老爺在上黨做官帶了來的人參周老爺在四川做官帶了來的黃連你這奴才猪八戒喫人參果全不知滋味說的好容易是雲片糕方纔這幾片不要說值幾十兩銀子半夜裏不見了鎗頭子

攮到賊肚裏只是我將來再發了暈病却拏甚麼藥來醫你這奴才害我不淺叫四斗子開拜匣寫帖子送這奴才到湯老爺衙裏去先打他幾十板子再講掌舵的嚇了陪著笑臉道小的剛纔喫的甜甜的不知道是藥只說是雲片糕嚴貢生道還說是雲片糕再說雲片糕先打你幾个嘴巴說著已把帖子寫了遞給四斗子四斗子慌忙走上岸去那些攙行李的人帮船家攔著兩隻船上船家都慌了一齊道嚴老爺而

今是他不是不該錯喫了嚴老爺的藥但他是个窮人就是連船都賣了也不能賠老爺這幾十兩銀子若是送到縣裏他那裏躭得住如今只是求嚴老爺開恩高擡貴手恕過他罷嚴貢生越發惱得暴躁如雷搬行李的腳子走過幾个到船上來道這事原是你船上人不是方纔若不如是著緊的問嚴老爺要喜錢酒錢嚴老爺已經上轎去了都是你們攔住那嚴老爺纔查到這个藥如今自知理虧還不過來向嚴老爺跟前磕頭討饒難道你們不賠嚴老爺的藥嚴老爺還有些貼與你不成眾人一齊捺著掌柁的磕了幾个頭嚴貢生轉灣道既然你眾人說我又喜事怱怱且放著這奴才再和他慢慢算賬不怕他飛上天去罵畢揚長上了轎行李和小廝跟著一鬨去了船家眼睁睁看著他走去了嚴貢生回家忙領了兒子和媳婦拜家堂又忙的請奶奶來一同受拜他渾家正在房裏擡東擡西鬧得亂哄哄的嚴貢生走來道你忙

甚麽他渾家道你難道不知道家裏房子窄鼈
鼈的統共祇得這一間上房媳婦新新的又是
大家子姑娘你不挪與他住嚴貢生道呸我早
已打算定了要你瞎忙二房裏高房大廈的不
好住他渾家道他有房子爲甚的與你的兒子
住嚴貢生道他二房無子不要立嗣的渾家道
這不成他要繼我們第五个哩嚴貢生道這都
由他麽他算是个甚麽東西我替二房立嗣與
他甚麽相干他渾家聽了這話正摸不着頭腦

只見趙氏着人來說二奶奶聽見大老爺回家
叫請大老爺說話我們二位舅老爺也在那邊
嚴貢生便走過來見了王德王仁之乎也者了
一頓便叫過幾个管事家人來吩咐將正宅打
掃出來明日二相公同二娘來住趙氏聽得還
認他把第二个兒子來過繼便請舅爺說道哥
哥大爺方纔怎樣說媳婦過來自然在後一層
我照常住在前面纔好早晚照顧怎倒叫我搬
到那邊去媳婦住著正屋婆婆倒住著厢房天

地世間也沒有這个道理王仁道你且不要慌
隨他說著自然有个商議說罷走出去了彼此
談了兩句淡話又喫了一杯茶王家小厮走來
說同學朋友候著作文會二位作別去了嚴貢
生送了回來拉一把椅子坐下將十幾个管事
的家人都叫了來吩咐道我家二相公明日過
來承繼了是你們的新主人須要小心伺候趙
新娘是沒有見女的二相公只認得他是父妾
他也沒有還占著正屋的吩咐你們媳婦子把
羣屋打掃兩間替他搬過東西去騰出正屋來
好讓二相公歇宿彼此也要避个嫌疑二相公
稱呼他新娘他叫二相公二娘是二爺二奶奶
再過幾日二娘來了是趙新娘先過來拜見然
後二相公過去作揖我們鄉紳人家這些大禮
都是差錯不得的你們各人管的田房利息賬
目都連夜攢造清完先送與我逐細看過好交
與二相公查點比不得二老爹在日小老婆當
家憑著你們這些奴才朦朧作弊此後若有一

點欵隱我把你這些奴才三十板一个還要送到湯老爺衙門裏追工本飯米哩衆人應諾下去大老爹過那邊去了這些家人媳婦領了大老爹的言語來催趙氏搬房被趙氏一頓臭罵又不敢就搬平日嫌趙氏裝尊作威作福這時偏要領了一班人來房裏說大老爹吩咐的話我們怎敢違拗他到底是个正經主子他若認真動了氣我們怎樣了得趙氏號天大哭哭了又罵罵了又哭足足鬧了一夜次日一乘轎子

擡到縣門口正值湯知縣坐早堂就喊了冤知縣叫補進詞來次日發出仰族親處覆趙氏備了幾席酒請來家裏族長嚴振先乃城中十二都的鄉約平日最怕的是嚴大老官今雖坐在這裏只說道我雖是族長但這事以親房爲主老爺批處我也只好拏這話回老爺那兩位舅爺王德王仁坐著就像泥塑木雕的一般總不置一个可否那開米店的趙老二扯銀鑪的趙老漢本來上不得臺盤纔要開口說話被嚴貢

生睜開眼睛喝了一聲又不敢言語了兩个人自心裏也裁劃道姑奶奶平日只敬重的王家哥兒兩个把我們不偢不採我們没來由今日爲他得罪嚴老大老虎頭上撲蒼蠅怎的落得做好好先生把个趙氏在屏風後急得像熱鍋上馬蟻一般見衆人都不說話自已隔著屏風請教大爺數說這些從前已往的話數了又哭哭了又數捶胸跌脚號做一片嚴貢生聽著不耐煩道像這潑婦眞是小家子出身我們鄉紳

人家那有這樣規矩不要惱犯了我的性子揪著頭髮臭打一頓登時叫媒人來領出發嫁趙氏越發哭喊起來喊的半天雲裏都聽見要奔出來揪他撕他是幾个家人媳婦勸住了衆人見不是事也把嚴貢生扯了回去當下各自散了次日商議寫覆呈王德王仁說身在黌宫片紙不入公門不肯列名嚴振先只得混賬覆了幾句話說趙氏本是妾扶正也是有的據嚴貢生說與律例不合不肯叫兒子認做母親也是

有的總候太老爺天斷那湯知縣也是妾生的兒子見了覆呈道律設大法理順人情這貢生也忒多事了就批了个極長的批語說趙氏既扶過正不應只管說是妾如嚴貢生不願將兒子承繼聽趙氏自行揀擇立賢立愛可也嚴貢生看了這批那頭上的火直冒了有十幾丈隨即寫呈到府裏去告府尊也是有妾的看著覺得多事仰高要縣查案知縣查上案去批了个如詳繳嚴貢生更急了到省赴案察司一狀司

批細故赴府縣控理嚴貢生沒法了回不得頭想道周學道是親家一族趕到京裏求了周學道在部裏告下狀來務必要正名分只因這一去有分教多年名宿今番又擬高科英俊少年一舉便登上第不知嚴貢生告狀得准否且聽下回分解

此篇是放筆寫嚴老大官之可惡然行文有次第有先後如原泉盈科放乎四海雖支分派別而脉絡分明非猶俗筆稗官凡寫一可

惡之人便欲打欲罵欲殺欲剮惟恐人不惡之而究竟所記之事皆在情理之外竝不能行之於當世者此古人所謂畫鬼怪易畫人物難世間惟最平實而爲萬目所共見者爲最難得其神似也

省中鄉試回來看見兩套衣服二百兩銀子滿心歡喜一口一聲稱呼二奶奶蓋此時大老意中之所求不過如此旣已心滿志得又何求乎以此寫輓近之人情乃刻棘刻楮手

段如謂此時大老胸中已算定要白占二奶奶家産不惟世上無此事亦無此情要知嚴老大不過一混賬人耳豈必便是毒蛇猛獸耶

老嚴筆下必定乾枯二王筆下必定雜亂三人同席談論時針鋒相對句句不放過眞是好看殺

嚴老大一生所說之話大槩皆謊也然其中亦有一二句是眞的就如靜齋作伐之說雖

不可信周家結親之事則眞惟有船上發病一事則至今無有人能辨其眞僞者至於雲片糕之非藥則不獨駕長知之脚子知之四斗子知之卽閱者亦知之也何也以其中斷斷不得有人參黃連也

趙氏自以爲得扎於二王平生之泰山也孰知一到認眞時毫末靠不得天下惟此等人最多而此等人又自以爲奸巧得計故余之惡王於依更甚于惡嚴老大

嚴老大一生離離奇奇却頗有名士風味時時刻刻說他是个鄉紳究竟歲貢生能有多大時時刻刻說他相與湯父母究竟湯公並不認得他似此一副老面皮也虧他磨練得出

許多可笑可厭的事如吽吹手擺紅黑帽帖卽補縣正堂等件却從四斗子口中以臭排場二字結之文筆眞有通身筋節

儒林外史第六回

儒林外史第七回

范學道視學報師恩　王員外立朝敦友誼

話說嚴貢生因立嗣興訟府縣都告輸了司裏又不理只得飛奔到京想冒認周學臺的親戚到部裏告狀一逕來到京師周學道已陞做國子監司業了大著胆竟寫一个眷姻晚生的帖門上去投長班傳進帖周司業心裏疑惑並沒有這个親戚正在沈吟長班又送進一个手本光頭名字沒有稱呼上面寫著范進周司業知

道是廣東拔取的如今中了來京會試便叫快請進來范進進來口稱恩師叩謝不已周司業雙手扶起讓他坐下開口就問賢契同鄉有个甚麽姓嚴的貢生麽他方纔拏姻家帖子來拜學生長班問他說是廣東人學生却不曾有這門親戚范進道方纔門人見過他是高要縣人同敝處周老先生是親戚只不知老師可是一家周司業道雖是同姓却不曾序過這等看起來不相干了卽傳長班進來吩咐道你去向那

敝貢生說衙門有公事不便請見尊帖也帶了回去罷長班應諾回去了周司業然後與范舉人話舊道學生前科看廣東榜知道賢契高發滿望來京相晤不想何以遲至今科范進把丁母憂的事說了一遍周司業不勝嘆息說道賢契績學有素雖然就遲幾年這次南宮一定入選況學生已把你的大名常在當道大老面前薦揚人人都欲致之門下你只在寓靜坐揣摩精熟若有些須缺少費用學生這裏還可相帮

范進道門生終身皆頂戴老師高厚栽培又說了許多話留著喫了飯相别去了會試已畢范進果然中了進士授職部屬考選御史數年之後欽點山東學道命下之日范學道即來叩見周司業周司業道山東雖是我故鄉我却也沒有甚事相煩只心裏記得訓蒙的時候鄉下有个學生叫做荀玫那時纔得七歲這又過了十多年想也長成人了他是个務農的人家不知可讀得成書若是還在應考賢契留意看看果

有一線之明推情拔了他也了我一樁心願范進聽了專記在心去住山東到任考事行了大半年纔按臨兗州府生童共是三棚就把這件事忘斷了直到第二日要發童生案頭一晚纔想起來說道你看我辦的是甚麼事老師託我汶上縣荀玫我怎麼並不照應大意極了慌忙先在生員等第卷子內一查全然沒有隨即在各幕客房裡把童生落卷取來對著名字坐號一个一个的細查查徧了六百多卷子並不見有个荀玫的卷子學道心裏煩悶道難道他不曾考又慮著若是有在裏面我查不到將來怎樣見老師還要細查就是明日不出案也罷一會同幕客們喫酒心裏只將這件事委决不下眾幕賓也替疑猜不定內中一个少年幕客蘧景玉說道老先生這件事倒合了一件故事數年前有一位老先生點了四川學差在何景明先生寓處喫酒景明先生醉後大聲道四川如蘇軾的文章是該考六等的了這位老先生記

在心裏到後典了三年學差回來再會見何老先生說學生在四川三年到處細查並不見蘇軾來考想是臨場規避了說罷將袖子掩了口笑又道不知這荀玫是貴老師怎麽樣向老先生說的范學道是个老實人也不曉得他說的是笑話只愁著眉道蘇軾既文章不好查不著也罷了這荀玫是老師要提拔的人查不著不好意思的一个年老的幕客牛布衣道是汶上縣何不在已取中入學的十幾卷內查一查或者文字好前日已取了也不可知學道道有理有理忙把已取的十幾卷取了對一對號簿頭一卷就是荀玫學道看罷不覺喜逐顏開一天愁都沒有了次早發出案來傳齊生童發落先是生員一等二等三等都發落過了傳進四等來汶上縣學四等第一名上來是梅玖跪著閱過卷學道作色道做秀才的人文章是本業怎麽荒謬到這樣地步平日不守本分多事可知本該考居極等姑且從寬取過戒飭來照例責

罰梅玖告道生員那一日有病故此文字糊塗
求大老爺格外開恩學道道朝廷功令本道也
做不得主左右將他扯上櫈去照例責罰說著
學裏面一个門斗已將他拖在櫈上梅玖急了
哀告道大老爺看生員的先生面上開恩罷學
道道你先生是那一个梅玖道現任國子監司
業周蕡軒先生諱進的便是生員的業師范學
道道你原來是我周老師的門生也罷權且免
打門斗把他放起來上來跪下學道吩咐道你

既出周老師門下更該用心讀書像你做出這
樣文章豈不有玷門牆桃李此後須要洗心改
過本道來科考時訪知你若再如此斷不能恕
了喝聲趕將出去傳進新進儒童來到汶上縣
頭一名點著荀玫入叢裏一个清秀少年上來
接卷學道問道你知方纔這梅玖是同門麼荀
玫不懂這句話答應不出來學道又道你可是
周蕡軒老師的門生荀玫道這是童生開蒙的
師父學道道是了本道也在周老師門下因出

京之時老師吩咐來查你卷子不想暗中換案你已經取在第一似這少年才俊不枉了老師一番栽培此後用心讀書頗可上進荀玫跪下謝了候衆人閱過卷鼓吹送了出去學道退堂掩門荀玫纔走出來恰好遇著梅玖還站在轅門外荀玫忍不住問道梅先生你幾時從過我們周先生讀書梅玖道你後生家那裏知道想落我從先生時你還不曾出世先生那日在城裏教書教的都是縣門口房科家的館後來下

鄉來你們上學我已是進過了所以你不曉得先生最喜歡我的說是我的文章有才氣就是有些不合規矩方纔學臺批我的卷子上也是這話可見會看文章的都是這个講究一絲也不得差你可知道學臺何難把俺考在三等中間只是不得發落不能見面了特地把我考在這名次以便當堂發落說出周先生的話明賣个情所以把你進个案首也是爲此俺們做文章的人凡事要看出人的細心不可忽略過了

兩人說著閒話到了下處次日送過宗師僱牲口一同回汶上縣薛家集此時荀老爹已經沒了只有母親在堂荀玫拜見母親母親歡喜道自你爹去世年歲不好家裏田地漸漸也花費了而今得你進个學將來可以教書過日子申祥甫也老了拄著拐杖來賀喜就同梅三相商議集上約會分子替荀玫賀學湊了二三十吊錢荀家管待衆人就借這觀音庵裏擺酒那日早晨梅玖荀玫先到和尚接著兩人先拜了佛

同和尚施禮和尚道恭喜荀小相公而今掙了這一頂頭巾不枉了荀老爹一生忠厚做多少佛面上的事廣積陰功那咱你在這裏上學時還小哩頭上扎著抓角兒又指與二位道這裏不是周大老爺的長生牌二人看時一張供桌香爐燭臺供著个金字牌位上寫道賜進士出身廣東提學御史今陞國子監司業周大老爺長生祿位左邊一行小字寫著公諱進字蕢軒邑人右邊一位小字薛家集里人觀音庵僧人

同供奉兩人見是老師的位恭恭敬敬同拜了幾拜又同和尚走到後邊屋裏周先生當年設帳的所在見兩扇門開著臨了水次那對過河灘塌了幾尺這邊長出些來看那三間屋用蘆蓆隔著而今不做學堂了左邊一間住著一个江西先生門上貼著江右陳和甫仙乩神數那江西先生不在家房門關著只有堂屋中間牆上還是周先生寫的聯對紅紙都久已貼白了上面十个字是正身以俟時守已而律物梅玖

指著向和尚道還是周大老爺的親筆你不該貼在這裏拏些水噴了揭下來裱一裱收著纔是和尚應諾連忙用了揭下弄了一會申祥甫領著衆人到齊了喫了一日酒纔散荀家把這幾十吊錢贖了幾票當買了幾石米剩下的留與荀玫做鄉試盤費次年錄科又取了第一果然英雄出于少年到省試高高中了忙到布政司衙門裏領了杯盤衣帽旗匾盤程忽忽進京會試又中了第三名進士明朝的體統舉人報

中了進士即刻在下處擺起公座來陞座長班叅堂磕頭這日正磕着頭外邊傳呼接帖說同年同鄉王老爺來拜荀進士叫長班擡開公座自己迎了出去只見王惠鬚髮皓白走進門一把拉着手說道年長兄我同你是天作之合不比尋常同年弟兄兩人平磕了頭坐着就說起昔年這一夢可見你我都是天榜有名將來同寅協恭多少事業都要同做荀玫自小也依稀記得聽見過這句話只是記不清了今日聽他

說來方纔明白因說道小弟年幼叨幸年老先生榜末又是同鄉諸事全望指教王進士道這下處是年長兄自己賃的荀進士道正是王進士道這甚窄況且離朝綱又遠這里住着不便不瞞年長兄說弟還有一碗飯吃京裏房子也是我自己買的年長兄竟搬到我那裏去住將來殿試一切事都便宜些說罷又坐了一會去了次日竟叫人來把荀進士的行李搬在江米巷自己下處同住傳臚那日荀玫殿在二甲王

惠殿在三甲都授了工部主事俸滿一齊轉了
員外一日兩位正在寓處閒坐只見長班傳進
一个紅全帖來上寫晚生陳禮頓首拜全帖裏
面夾著一个單帖上寫著江西南昌縣陳禮字
和甫素善乩仙神數曾在汝上縣薛家集觀音
庵內行道王員外道長兄這人你認得麽荀員
外道是有這个人他請仙判的最妙何不喚他
進來請仙問問功名的事忙叫請只見那陳和
甫走了進來頭戴瓦楞帽身穿繭紬直裰腰繫

絲縧花白鬍鬚約有五十多歲光景見了二位
躬身唱諾說請二位老先生台座好讓山人拜
見二人再三謙讓同他行了禮讓他首位坐下
荀員外道向日道兄在敝鄉觀音庵時弟却無
緣不會會見陳禮躬身道那日晚生曉得老先
生到庵因前三日純陽老祖師降壇乩上寫著
道日午時三刻有一位貴人來到那時老先生
尚不會高發天機不可洩漏所以晚生就預先
迴避了王員外道道兄請仙之法是何人傳授

還是嵩請純陽祖師還是各位仙人都可啟請陳禮道各位仙人都可請就是帝王師相聖賢豪傑都可啟請不瞞二位老先生說晚生數十年以來並不在江湖上行道總在王爺府裏和諸部院大老爺衙門交往切記先帝宏治十三年晚生在工部大堂劉大老爺家扶乩劉大老爺因李夢陽老爺參張國舅的事下獄請仙問其吉凶那知乩上就降下周公老祖來批了七日來復四个大字到七日上李老爺果然奉旨

出獄只罰了三个月的俸後來李老爺又約晚生去扶乩那乩半日也不得動後來忽然大動起來寫了一首詩後來兩句說道夢到江南省宗廟不知誰是舊京人那些看的老爺都不知道是誰只有李老爺懂得詩詞連忙焚了香伏在地下敬問是那一位君王那乩又如飛的寫了幾个字道朕乃建文皇帝是也衆位都嚇的跪在地下朝拜了所以晚生說是帝王聖賢都是請得來的王員外道道兄如此高明不知我

們終身官爵的事可斷得出來陳禮道怎麼斷不出來凡人富貴窮通貧賤壽夭都從乩上判下來無不奇驗兩位見他說得熱鬧便道我兩人要請教問一問陞遷的事那陳禮道老爺請焚起香來二位道且慢候吃過便飯當下留着喫了飯叫長班到他下處把沙盤乩筆都取了來擺下陳禮道二位老爺自己默祝二位祝罷將乩筆安好陳禮又自己拜了燒了一道降壇的符便請二位老爺兩邊扶著乩筆又念了一遍咒語燒了一道啟請的符只見那乩漸漸動起來了那陳禮叫長班斟了一杯茶雙手捧着跪獻上去那乩筆先畫了幾个圈子便不動了陳禮又焚了一道符叫衆人都息靜長班家人站在外邊去了又過了一頓飯時那乩扶得動了寫出四个大字王公聽判王員外慌忙丢了乩筆下來拜了四拜問道不知大仙尊姓大名問罷又去扶乩那乩旋轉如飛寫下一行道吾乃伏魔大帝關聖帝君是也陳禮嚇得在下面

磕頭如搗蒜說道今日二位老爺心誠請得夫子降壇這是輕易不得的事總是二位老爺大福須要十分誠敬若有些須怠慢山人就擔戴不起二位也覺悚然毛髮皆豎丟著乩筆下來又拜了四拜再上去扶陳禮道且住沙盤小恐怕夫子指示言語多寫不下且拏一副紙筆來待山人在傍記下同看于是拏了一副紙筆遞與陳禮在傍鈔寫兩位仍舊扶著那乩運筆如飛寫道羨爾功名夏后一枝高折鮮紅大江烟浪杳無蹤兩日黃堂坐擁只道驊騮開道原來天府夔龍琴瑟琵琶路上逢一盞醇醪心痛寫畢又判出五个大字調寄西江月三个人都不解其意王員外道只有頭一句明白功名夏后是夏后氏五十而貢我恰是五十歲登科的這句驗了此下的話全然不解陳禮道夫子是從不誤人的老爺收着後日必有神驗況這詩上說天府夔龍想是老爺陞任直到宰相之職王員外被他說破也覺得心裏歡喜說罷荀員外

下來拜了求夫子判斷那乩筆半日不動求的急了運筆判下一个服字陳禮把沙攤平了求判又判了一个服字一連平了三回沙判了三个服字再不動了陳禮道想是夫子龍駕已經回天不可再褻瀆了又焚了一道退送的符將乩筆香爐沙盤撤去重新坐下二位官府封了五錢銀子又寫了一封薦書薦在那新陞通政司范大人家陳山人拜謝去了到晚長班進來說荀老爺家有人到只見荀家家人挂著一身的孝飛跑進來磕了頭跪著稟道家裏老太太

已于前月二十一日歸天荀員外聽了這話哭倒在地王員外扶了半日救醒轉來就要到堂上遞呈丁憂王員外道年長兄這事且再商議現今考選科道在即你我的資格都是有指望的若是報明了丁憂家去再遲三年如何了得不如且將這事瞞下候考選過了再處荀員外道年老先生極是相愛之意但這件事恐瞞不下王員外道快吩咐來的家人把孝服作速換

了這事不許通知外面人知道明早我自有道理一宿無話次日清早請了吏部掌案的金東崖來商議金東崖道做官的人匿喪的事是行不得的只可說是能員要留部在任守制這个不妨但須是大人們保舉我們無從用力若是發來部議我自然効勞是不消說了兩位重託了金東崖去到晚荀員外自換了青衣小帽悄悄去求周司業范通政兩位老師求个保舉兩位都說可以酌量而行又過了兩三日都回復了來說官小與奪情之例不合這奪情須是宰輔或九卿班上的官倒是外官在邊疆重地的亦可若工部員外是个閒曹不便保舉奪情荀員外只得遞呈丁憂王員外道年長兄你此番喪葬需費你又是个寒士如何支持得來況我看見你不喜理這煩劇的事怎生是好如今也罷我也告一个假同你回去喪葬之費數百金也在我家裏替你應用這事纔好荀員外道我是該的了為何因我又誤了年老先生的考選

王員外道考選還在明年你要等除服所以擔誤我這告假多則半年少只三个月還趕的着當下荀員外扨不過只得聽他告了假一同來家替太夫人治喪一連開了七日弔司道府縣都來弔紙此時哄動薛家集百十里路外的人男男女女都來看荀老爺家的喪事集上申祥甫已是死了他兒子申文卿襲了丈人夏總甲的缺拏手本來磕頭看門効力整正鬧了兩个月喪事已畢王員外共借了上千兩的銀子與荀家作辭回京荀員外送出境外謝了又謝王員外一路無話到京纔開了假早見長班領著一个報錄的人進來叩喜不因這一報有分教

貞臣良佐忽爲悖逆之人郡守部曹竟作逋逃之客未知所報王員外是何喜事且聽下回分解

此篇文字分爲三段第一段是梅三相考四等令閱者快然浮一大白然三相旣考四等之後口若懸河刮刮而談仍是老友口聲氣

息恬不爲恥世上固不少此老面皮之人吾想梅三相與嚴大老官是一類人物假使三相出了歲貢必時時自稱爲鄉紳與知縣爲密邇至交大老官考了四等必仍然自誇爲老友說學臺爲有意賣情也

陳和甫請仙爲第二段寫山人便活畫出山人的口聲氣息荒荒唐唐似眞似假稱謂離奇滿口嚼舌最可笑是關帝亦能作西江月詞略有識見者必不肯信而王荀二公乃至悚然毛髮皆豎寫無識見的人便能寫出其人之骨髓也

荀員外報丁憂是第三段嗚呼天下豈有報丁憂而可以且再商議者乎妙在謀之於部書而部書另自有法謀之於老師而老師酌量而行迫至萬無法想然後只得遞呈當其時舉世不以爲非而標目方且以敦友誼三字許王員外然則作者亦胸懷貿貿竟不知此輩之不容於聖王之世乎曰奚而不知也

此正古人所謂直書其事不加論斷而是非立見者也

閱薛家集一段文字不禁廢書而嘆曰嗟乎寒士伏首授書窮年矻矻名姓不登于賢書足跡不出於里巷揶揄而訕笑之者比比皆是一旦奮翼青雲置身通顯故鄉之人雖有尸而祝之者而彼不聞不見也夫竭一生之精力以求功名富貴及身入其中而世情嶮巇宦海風波方且刻無寧晷香山詩云賓客歡娛童僕飽始知官宦為他人究竟何為也哉